# MÉMOIRES D'UNE MOUCHE.

# MÉMOIRES
# D'UNE MOUCHE,

MIS EN ORDRE ET RÉDIGÉS

**Par BONO-ILHURY.**

« Je me presse de rire de tout, de peur
» d'être obligé d'en pleurer. »

Beaumarchais.

PARIS,

DONDEY-DUPRÉ PÈRE ET FILS, IMPR.-LIBR.,
rue Richelieu, N° 47 *bis*, et rue St.-Louis, N° 46;

DELAUNAY, PONTHIEU, HAUTCOEUR, Libraires;

ET CHEZ LES MARCHANDS DE NOUVEAUTÉS.

1828.

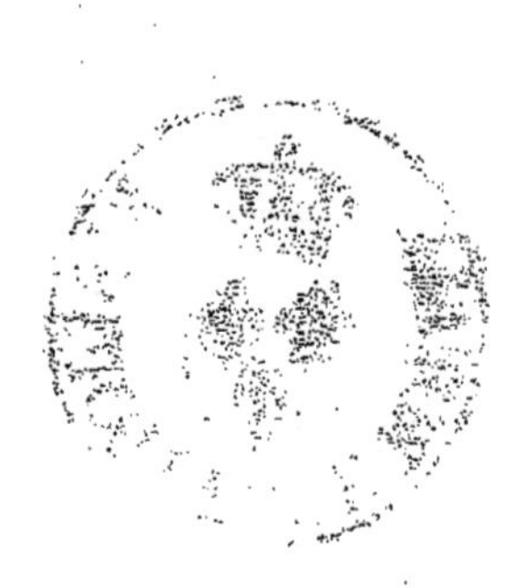

PARIS. — IMPRIMERIE DE DONDEY-DUPRÉ, RUE SAINT-LOUIS, Nº 46.

# AVANT-PROPOS.

Nul animal créé ne peut manquer à son instinct (nous dit encore quelquefois M. Figaro, quand on veut bien le lui permettre). Ainsi, lecteur, le mien étant de voltiger, et par conséquent de changer à tout instant de place, peu d'existences pouvaient fournir autant de matériaux que la mienne pour remplir des mémoires : mon embarras n'était donc que de les publier dans une ville où le vol d'une mouche fût une affaire d'importance; c'est assez dire que Paris verra ma chute ou mon triomphe.

Il est vrai que je n'y serai pas la première mouche qui en aura fait le théâtre de ses observations; mais comme mes pareilles n'ont pas l'habitude d'en faire confidence au public, j'ose espérer de lui quelque bienveillance, et j'invite avec humilité toutes les mouches, mes chères sœurs, telles que les mouches du coche, les frêlons, les moucherons et même les gros mouchards, à ne pas prendre la mouche parce que je me mêle d'écrire; car ma carrière n'a certainement rien de plus commun avec la leur, que celle des abeilles, des vers luisans et de tant d'autres diptères ou coléoptères, ne saurait en avoir avec la vile existence de l'insecte immonde que l'on voit dans les lieux les plus impurs butiner de quoi corrompre tout ce qu'il approche.

Il est peut-être inutile d'ajouter, qu'écrivant mes propres aventures ou celles dont j'ai été le témoin, je n'ai pu m'astreindre à la régularité d'un plan sagement médité. Un individu de mon espèce ne saurait manier la plume de nos romanciers : elle est trop lourde.....; il n'a reçu de la nature qu'un aiguillon..... et des ailes.

# MÉMOIRES D'UNE MOUCHE.

## CHAPITRE PREMIER.

Ma naissance, mon éducation, ma première sortie.

Feu ma pauvre mère déposa l'œuf auquel je dois le jour dans la narine gauche du ministre des finances de l'époque. L'incubation ne fut pas de longue durée; Monseigneur lisait les mémoires de M. de Calonne, l'un de ses prédécesseurs; et dès qu'il fut à la page du déficit, il lui prit un éternuement qui me fit tomber, avec ma frêle enveloppe, sur le manuscrit où, la coquille s'étant brisée, le plus petit des êtres naquit à la liberté : résultat auquel certainement l'auteur de cet ouvrage n'avait jamais eu le droit de s'attendre.

L'éducation d'une mouche est bientôt faite : en voltigeant dans le cabinet de Son Excellence, je butinai sur les diverses pétitions qui étaient éparses sur son bureau, et j'y recueillis les différentes connaissances qui m'ont mise à même de raconter, tant bien que mal, au public mes singulières aventures.

C'est ainsi que, sur le placet d'un restaurateur, qui présentait un nouveau système de finances, j'appris, en un quart d'heure, l'arithmétique et l'orthographe; sur celui d'un pamphlétaire, qui réclamait une prime d'encouragement, le génie de la langue française; et sur l'humble supplique d'un émigré, qui sollicitait une indemnité, l'histoire de mon pays (1).

On a vu que j'allais vite en besogne; je crois même que, si j'avais eu plus de goût pour le machiavélisme, je me serais, avant la fin de la journée, initiée dans tous les mystères de la chicane; et cela, par la lecture de la lettre confidentielle d'un électeur qui rendait compte d'une découverte, au moyen de laquelle, quoique ne payant que 4 fr. 50 c. d'impositions, il s'était fait comprendre sur la liste de ses confrères, grâce au cens électoral qu'avait autrefois payé sa grand'maman.

Je passai donc ainsi dans l'étude et la méditation la première époque de ma vie, vivant de la virgi-

---

(1) Je dois au public la condfience que, si je n'avais eu à méditer que des ouvrages de l'espèce de ceux que je décris, mon éducation n'aurait pas été bien complète; mais la bibliothèque de Monseigneur était depuis long-tems livrée aux mouches, et c'est là où j'allais étudier, pendant que Son Excellence s'amusait à truffer ses complaisans.

nité de quelques croquettes de volaille que l'on apportait tous les matins sur la console du premier ministre ; mais Son Excellence étant un jour déménagée, pour changer d'air pendant quelque tems, je pris comme elle ma volée, afin de mettre en pratique toutes les malices que j'avais apprises dans un lieu si favorable à l'instruction des êtres de mon acabit.

Heureux, et mille fois heureux le mortel qui peut abandonner, de son plein gré, les palais de l'opulence, et qui, prisant à leur juste valeur les dons d'une fortune aveugle et volage, peut se rapprocher de la nature, sans rencontrer dans la tourbe du commun des martyrs, des malédictions, et, dans la solitude, des remords !

Telle était alors ma position. Jamais il n'était entré dans ma petite tête l'idée de nuire à qui que ce soit. Un insecte de mon espèce se sert quelquefois de son dard, mais ne fait jamais une piqûre venimeuse.

Nous étions au commencement de cette saison agréable, où la moitié de la population se plaît à se montrer autour de puantes barrières, qu'on nomme la campagne, tandis que presque toute l'autre moitié se trouve au même rendez-vous pour la regarder passer. Il faisait une chaleur étouffante, et mes pareilles commençaient à devenir incommodes, en fourrageant indistinctement sous la guimpe de calicot et sous l'écharpe de dentelle, les appas, ou quelquefois la place des appas de la grisette et de la dame de bon ton.

Quant à moi, dont l'indiscrétion ne fut jamais le défaut, je me plaçai modestement sur le giron d'une élégante et toute courte amazone, qui se pavanait à l'anglaise sur une haquenée d'assez beau gris sale, monture que son courtois chevalier avait sans doute louée pour elle, à 50 centimes par heure, sur la route des Prés-Saint-Gervais.

Ce personnage était une espèce de fashionable, d'une taille aussi haute et aussi élancée que celle de sa compagne était exiguë et rondelette. Il marchait fièrement à son côté, encalifourchonné (1) sur un petit aliboron, dont le mouvement des grandes oreilles annonçait de tems à autre quelques velléités de jeunesse, gentillesses que le mirliflor punissait par des saccades et des coups de talons, qui forçaient ses longues jambes à labourer la terre au milieu d'un nuage de poussière; ce qui venait ajouter encore aux charmes d'une promenade aussi sentimentale.

A la fadeur de l'entretien de mes compagnons de voyage, je ne tardai pas à m'apercevoir que mon galant était en bonne fortune, et que, suivant toute

---

(1) Ce mot, qui n'est certainement pas français, tient peut-être la place d'une *conséquence* mal placée; j'en demande pardon au lecteur et à M S... de M..., qui a fait ses preuves.

apparence, mon amazone devait être une de ces prudes de haut parage, qui se dédommagent quelquefois, par de pareilles équipées, de la contrainte des salons, et font, à l'aide d'un voile et d'un grand chapeau, des escapades dont l'amour est toujours le prétexte; le plaisir, le but; et très-souvent le repentir, le résultat.

Je fus d'autant plus confirmée dans cette idée, que j'entendis notre amazone placer modestement une particule devant un nom propre de consonnance tout-à-fait gasconne.

Il me prit alors une telle mauvaise humeur contre une pareille dépravation de mœurs, que je crus devoir la punir à l'instant par une mystification de ma façon.

Je me plongeai donc profondément dans l'oreille de la jument, que je tirai de sa tranquille rêverie par un coup d'aiguillon dans le tympan. L'animal, furieux, fit une pointe, et crac! voilà notre héroïne les jambes en l'air au milieu de la route, montrant dans la direction du niveau d'eau d'un arpenteur géomètre, qui opérait à cet endroit, le plus joli objet qu'il eût jamais aperçu par la pinule de son graphomètre, et dont les angles eussent été bien difficiles à rapporter sur le papier.

Il est peut-être indiscret de vous dire que le soubresaut de la Dulcinée avait fait détacher certain meuble dont les dames font quelquefois un remplaçant, et qu'un malotru, qui s'amusait à tirer à la cible pour gagner des macarons, s'avisa d'ajuster le burlesque coussinet, qu'il avait de si bonnes raisons de croire, pour la belle, le plus inutile accessoire. Mais il arriva qu'en voulant y décocher sa flèche il visa trop haut et de côté, de manière qu'elle alla se planter à la croupe de la monture du nouveau Sancho Pança, qui, à son tour, emporté et forcé de vider les arçons, ne put rejoindre sa belle qu'après que le géomètre et le maladroit tireur eurent remis l'amazone sur ses pieds, et en possession du joli petit meuble, que certes, elle n'eut pas le courage de replacer au lieu d'où il était si indiscrètement descendu.

Par bonheur, un fiacre, qui venait de conduire une autre belle au bois de Romainville, se trouva là tout à point pour sauver le couple amoureux de la confusion, et donner la latitude à M^me^ la comtesse d'Escarbagnac de se faire replacer le suppléant, ou de le réformer tout-à-fait.

Quant à moi, je suivis le géomètre qui pliait bagage, et pris gaîment avec lui le chemin de Pantin, où je présumais qu'il se proposait de dîner; car enfin, on ne vit pas de triangles isocèles, de parallélipipèdes, de trapèzes et de tant d'autres belles choses en *èze* et en *pède*, qui toutes ne dispensent pas ceux qui les connaissent de manger de tems en tems un morceau, tout comme ceux qui les ignorent.

Nous arrivâmes enfin, après quelques détours, dans cet endroit champêtre, un des moins désagréables des environs de la capitale ; et là, mon compagnon de route choisit pour nous deux, sans s'en douter, une des meilleures guinguettes du bourg, ou, pour parler plus exactement, l'une des moins mauvaises. Nous y prîmes place sans façon, lui sur un banc vermoulu, et moi sur un croûton de pain placé devant l'assiette d'un gros commis de la barrière, grand amateur de vers qu'il faisait à la toise, et plus encore de sa femme, dont il vantait à tous venans et à tous propos la scrupuleuse sagesse et la beauté singulière.

Quant au géomètre, il s'efforçait de prouver par A plus B, en finissant une portion de fricassée de coqs, dans laquelle je m'étais permis de tremper les pattes, que le cadastre parcellaire était une conception aussi libérale et aussi généreuse pour les habitans, que les impôts perçus en droits d'entrée étaient vexatoires et dégradans pour la patrie : « C'est par le cadastre, disait-il avec chaleur, c'est par cette noble invention que le génie du bien peut seul avoir inspirée, que le retour des charges, qu'une égoïste et barbare féodalité faisait peser sur le patrimoine du pauvre, ne pourra jamais se reproduire : chaque petit propriétaire, désormais éclairé sur les limites et la valeur de ce qu'il possède, ne sera plus exposé à voir le modeste arpent qu'il arrosait de sa sueur, payer à l'état pour le domaine non imposé du seigneur de son village, qui le lui faisait encore labourer par corvée; et quand même le gouvernement paternel sous lequel nous vivons céderait aux perfides insinuations d'un parti qui rêve encore la dîme et le servage des vassaux, la justice impartiale de l'équerre et du compas graverait pour la postérité, sur le frontispice du château : *Ce n'est ici que la caverne d'un voleur...* — C'est bon pour vous, M. le géomètre, dont peut-être les aïeux n'ont jamais possédé d'autre surface sur la terre que leur planchette, dit alors l'épais surveillant ; mais moi, dont le grand-père était régisseur de la gabelle, le père commis aux aides, et la mère cuisinière cordon-bleu de l'ambassadeur du Congo, je trouve qu'il est une méthode bien plus juste et bien plus simple de percevoir l'impôt, en faisant payer également à la porte l'industriel et le cochon.

» Est-il donc besoin, pour arriver à ce résultat, d'éclairer des rustres, déjà bien assez insolens, sur des droits établis par des conventions qui sentent l'égalité révolutionnaire de cent lieues à la ronde; tandis qu'il serait si facile de faire taxer les paysans par les maires, et de les faire payer avec des gendarmes?

» Je veux à ce sujet, continua-t-il, vous régaler d'un poème en huit chants, que j'ai composé sur cette matière. »

A ces mots, il sortit de sa poche un énorme rouleau de papier, et nous ne l'aurions, je crois, pas échappé, si le plus épouvantable bacchanal ne s'était fait entendre au premier étage de l'hôtellerie, où l'aubergiste, en renversant les tables, tenait à la gorge un quidam qui ne voulait pas payer la dépense qu'il avait faite en tête-à-tête avec une dame; alléguant qu'il avait perdu sa bourse en tombant de cheval, et qu'il ne s'en était aperçu qu'après avoir fêté sa belle à bouche que veux-tu.

Vous devinez sans doute, lecteur, que ce couple malencontreux n'est autre que celui que nous avons vu caracoler dans la poussière; mais ce que vous ne devinez pas, et ce à quoi le gros commis ne trouva pas le mot pour rire, fut de rencontrer, dans M^me^ la comtesse d'Escarbagnac, la chaste épouse dont il venait de faire l'apologie, et surtout d'être obligé de payer le mémoire, après s'être contenté pour lui-même d'un morceau de fromage sur lequel j'avais prélevé mon dessert; car il faut que vous sachiez que, pendant la reconnaissance conjugale, le mirliflor s'était envolé, et que comme le nôtre avait été payé par le géomètre, je ne me fis pas le moindre scrupule d'en faire autant.

---

## CHAPITRE II.

Le crépuscule ; une nuit avec d'autres mouches.

La journée était trop avancée, lorsque je rentrai dans la capitale, pour me permettre de chercher ce jour-là de nouvelles aventures. Déjà l'élégante et noble architecture du Panthéon s'était abaissée au niveau de la plus petite chapelle, la Chambre des Pairs commençait à se couvrir d'une ombre noirâtre, et Mont-Rouge semblait vouloir se perdre dans l'horizon ; la Colonne et le dôme des Invalides, situés au soleil couchant, réfléchissaient seuls encore quelques rayons lumineux : comme si cet astre eût voulu rendre hommage à la France, en saluant de ses premiers et de ses derniers regards le plus beau monument de sa gloire, et l'asile *du courage malheureux*.

Il fallait trouver un abri pour ne pas passer la nuit à la belle étoile ; et comme, à tout prendre, il vaut encore mieux la passer dans un hôtel commode que dans une mâsure, surtout quand il n'en coûte pas plus cher, je me mis à remonter la Seine du côté du quai Voltaire, pour en choisir un à ma guise ;

j'aurais même retrogradé, et me serais enfoncée dans le faubourg Saint-Germain, si le bourdonnement d'un grand nombre de mouches de différentes espèces, qui voltigeaient autour d'une immense et vieille maison, ne m'eût donné à penser qu'il faisait bon pour nous en cet endroit.

Je m'en approchai donc avec curiosité, et je vis écrits, sur le fronton de la première porte intérieure, les mots *vigilance* et *sûreté*, qui firent naître en moi la fantaisie de pénétrer dans cette pièce d'avant-scène, où je ne trouvai, vu l'heure avancée, que quelques individus endormis sur le parquet, qui veillaient apparemment ainsi à la sûreté publique.

Je dois cependant rendre hommage à la vérité, en convenant que j'entendis affirmer, peu d'instans après, qu'ils étaient là pour attendre et pour remplacer quelques-uns de leurs délicats compagnons, occupés en ce moment à courir les tripots, et à écouter par le trou de la serrure ce qu'on disait dans les maisons particulières de la capitale.

Ne trouvant rien dans ce lieu de bien intéressant, je traversai différentes pièces désertes où l'on voyait écrits à l'entrée les mots *salubrité*, *voirie*, *femmes publiques*, *halles et marchés*; ainsi que d'autres suscriptions, qui toutes avaient à peu près entre elles autant d'analogie les unes que les autres.

Enfin, continuant à parcourir ce vaste établissement, je finis par arriver dans un élégant cabinet où tout le monde était loin de pénétrer aussi facilement que moi ; là je remarquai, près d'une table couverte de papiers, un individu, dont l'air respectable et décent contrastait singulièrement avec les figures rébarbatives des *camarades* que j'avais vus ronfler sur le plancher de la pièce voisine.

Assis devant son secrétaire, il compulsait attentivement les pages d'un grand livre dont la suscription portait : *Procès-verbaux de* 1815 *à* 1828 ; et paraissait improuver avec toute la sollicitude de l'homme de bien, et annoter à l'encre rouge, ceux des chapitres qui sans doute énonçaient des faits injustes ou peu dignes de sa tolérance éclairée.

Comme je ne me sentais pas encore envie de dormir, je me mis à parcourir quelques-unes des pages secrètes offertes à ma curiosité. La première portait pour épigraphe : *amour de l'humanité*. J'y lus la relation de l'aventure d'un ancien brave qui, pour avoir commis une action, peut-être réprimandable, mais dans le cas de légitime défense, avait été garotté, mutilé et appliqué sans jugement à la torture du baillon. Je me rappelai celui des Lally, et passai à la seconde page, en répétant mentalement ce proverbe italien : *Il riparo è peggior del malo.*

Le feuillet qui vint ensuite fixer mes regards, portait en tête: *Respect aux mœurs*. Il contenait l'histoire d'une vierge timide qui, après avoir passé par force la nuit dans la chambre d'un galérien libéré, n'avait été rendue à la liberté qu'après avoir été renfermée la moitié de la journée suivante avec des femmes publiques; mais à laquelle, pour la consoler, on avait délivré un sauf-conduit, dont la teneur se traduisait par le distique latin : *errare humanum est.*

Les feuillets du livre tournant alors avec rapidité sous les doigts de l'homme de bien indigné, je ne pus prendre connaissance que du dernier chapitre; celui-ci portait pour épigraphe : *ordre public.* Il ne contenait que le récit de l'assassinat d'un jeune enfant presque dans les bras de sa mère, tandis qu'il regardait une illumination par la croisée, le massacre de quelques innocens qui rentraient paisiblement dans leur domicile, et le détail des événemens d'une nuit, où des voitures publiques enlevaient furtivement les cadavres mutilés de ces victimes, pour les vendre le lendemain à leurs mères. Hélas! et tout cela s'était fait dans une ville populeuse et policée, où tant de crimes n'ont pas été punis (1).....

Le registre étant alors tombé des mains de l'homme vénérable, je m'endormis sur sa couverture, et j'attendis, avec le sommeil tranquille de l'innocence, le

(1) Quelques personnes ont même assuré qu'on les avait récompensés par des gratifications et des éloges. Qu'en pensez-vous, MM. D....., F..... et F., vous qui vous piquez d'être si bons royalistes?..... Qu'auraient fait de plus méritoire les royalistes Robespierre, Danton et Carrier?

retour de la lumière, qui ne pénétrait jamais qu'à moitié dans cet endroit retiré.

Tout, à mon réveil, était calme dans la maison, et je la traversai sans obstacle jusqu'à la dernière porte, devant laquelle j'aperçus un Piémontais assis, qui portait sur une longue planche un grand nombre de petites figures dont les têtes bizarres, montées sur des fils de fer, étaient dans une continuelle mobilité. Il y en avait en capuchons, d'autres en habits de cour, et même un assez grand nombre en uniformes militaires. Ce spectacle original vint à propos faire diversion aux tristes idées qu'avait fait naître ma lecture de la veille, et je me disais en l'examinant : « Sans doute, l'homme de bien que j'ai vu jeter le livre de ces iniquités avec une sorte de dépit, trouvera quelque moyen de prévenir le retour de si *déplorables* atrocités. »

Alors le Piémontais s'étant levé sur son séant pour continuer sa route, toutes les petites figures se mirent à faire un signe négatif.

## CHAPITRE III.

Une séance à la chambre élective.

Après avoir copieusement déjeûné chez un marchand de vin, grand faiseur de gibelotte avec du matou, et de vin de Tavel avec du bois de campêche, je redescendis la rive gauche du fleuve en me mettant à l'abri du mauvais tems sous le parapluie d'un vieux général, qui se rendait au Champ-de-Mars pour y passer *en revue* des soldats qui ne l'avaient jamais vu, et dont la courtoisie ne dédaignait pas de causer avec un ancien officier supérieur décoré, qui traînait péniblement une jambe de bois dans la boue, en évitant avec une intention marquée d'approcher le toit hospitalier que lui présentait officieusement le vieil Annibal de nos jours.

« Mon général, lui disait en souriant l'officier mutilé, vous courez le risque d'arriver sur le terrain bien tard et bien crotté ; vous eussiez peut-être fait sagement aujourd'hui de monter à cheval. — Le soldat est fait pour nous attendre : je me ferai décrotter à la grille ; et quant au cheval, depuis l'affaire de

Quiberon je porte un suspensoir qui ne m'en permet pas l'usage. — Vous n'avez donc pas rencontré de voitures de place ? — J'ai voulu prendre l'*Omnibus* de la Bastille jusqu'à la Madeleine ; mais il est si mal composé !..... Croiriez-vous qu'un misérable petit bourgeois a eu l'insolence de faire résonner à mes oreilles le nom mal sonnant de M. de la Jobardière, lorsque je voulais y monter..... En Espagne on aurait raison de cette insulte ; mais à Paris.... — Il me semble qu'il serait plus généreux de la pardonner et d'en rire. Mais, général, permettez-moi de n'être pas tout-à-fait de votre avis sur le pays où j'ai laissé ma jambe : vantez, si vous le voulez, son climat charmant, ses jolies femmes, et surtout ses excellens vins ; mais ne prodiguez pas tant d'éloges à la législation d'un pays où le bon plaisir d'un curé peut vous faire pendre, sans qu'on puisse même interjeter appel de sa décision.

» — Défaites-vous, reprit le général, de ces idées ultra-libérales, qui ramèneront infailliblement 1793 et ses horreurs ; croyez, monsieur, que, de tous les gouvernemens, celui de la Péninsule est le plus tutélaire ; et que, si l'on y pend de tems à autres quelques mauvais sujets, ce pays n'en est pas moins le pays de Cocagne des gens comme il faut. Vous voyez bien que, si l'on en faisait autant dans notre patrie, on n'y rirait peut-être pas si indécemment d'un homme de mon rang, et qu'il ne serait pas réduit à se croter, tandis que la canaille roule en voiture. »

Je ne sais si, tout en discourant de la sorte, notre général n'arriva pas un peu trop tard au rendez-vous; mais ce qu'il y a de positif, c'est que, le tems s'étant éclairci, je le devançai de beaucoup, et trouvai la troupe, *faite pour l'attendre*, qui ne l'attendait pas du tout, et qui manœuvrait même avec une rare précision, sous les ordres d'un général *de sa connaissance*, quoiqu'elle comptât dans ses rangs beaucoup de militaires, portant même trois chevrons sur la manche, qui n'avaient déchiré de cartouches qu'au cimetière du révèrend père Lachaise, de glorieuse mémoire.

Je repris, immédiatement après cette revue, le chemin des mêmes quais que j'avais parcourus le matin; et je me proposais de voltiger sur l'autre rive de la rivière, quand, arrivée devant un très-bel édifice, je fus arrêtée par le colloque de deux étrangers placés devant la façade, qui disputaient avec beaucoup de véhémence; le premier soutenant avec obstination que c'était là l'Hospice des Incurables; et le second prétendant que c'était le nouveau théâtre de l'Ambigu-Comique.

L'attitude noble et la pose magistrale des statues qui en décoraient les abords ne me permirent pas du tout d'être de leur avis; mais, en comparant la forme de cet édifice avec celle de quelques mausolées du cimetière de l'Est, dont j'avais vu plusieurs lithographies, je ne pus m'empêcher de me dire intérieurement : « Holà ! respect ; c'est sans doute ici le tombeau de la Charte, dont on aura placé le nom sacré sur le fronton. »

J'avoue avec humilité qu'en cette circonstance, comme le singe du bon La Fontaine, je prenais un nom de port pour un nom d'homme ; mais j'étais bien excusable : car, après tout, ce n'était pas chez le Ministre, où j'avais fait mon éducation, que j'aurais pu prendre une idée bien nette de ce pacte fondamental des libertés publiques.

Au reste, je n'avais peut-être pas frappé si loin du but qu'on pourrait le penser ; car, si cette constitution n'y est pas encore ensevelie, on peut au moins considérer ce lieu comme une de ces sépultures où l'on écrit pour toute une famille, *concession à perpétuité* ; puisque là reposent en paix ses sœurs aînées de l'an 3, de l'an 9, du consulat et de l'empire.

Je m'avançai donc avec recueillement dans la cour de cet édifice, que je trouvai remplie de voitures magnifiques et de laquais galonnés, dont rien n'annonçait le deuil, encore moins la tristesse.

Mes idées se trouvèrent alors confondues, et je ne savais que penser, lorsqu'une seconde inscription m'apprit que j'étais *au palais de la Chambre des Députés* ; titre qui me parut aussi ridicule que si j'avais vu écrit : *salon de la cuisine*, *maison du cabinet* ou *royaume du village de Pantin*.

« Quoi ! me disais-je, dans mon humeur caustique, ces chasseurs à panaches, ces chars somptueux, tout ce luxe éclatant appartient aux députés de la nation qui doivent défendre les intérêts des laboureurs et des *épiciers* contre les empiétemens du pouvoir aristocratique. Morbleu ! la commission est belle ; voyons comment on s'en acquitte. »

Aussitôt je me glissai dans le palais de la Chambre, ou, si vous l'aimez mieux, *dans la chambre du palais*, comme beaucoup d'autres l'avaient fait sans doute avant moi, c'est-à-dire sans mandat, avec audace et par mille détours.

Un petit homme, pâle, maigre, chétif, et dont la voix paraissait partir de l'intérieur, y pérorait avec tranquillité : chacun l'écoutait attentivement ; et comme on aurait entendu une mouche voler, je ne voulus pas troubler cette grave assemblée. Je m'abattis sur le nez d'un gros individu, petit, joufflu, rusé, rasé, blasé, gris-pommelé comme le docteur Bartholo, qui dormait au centre de la salle ; mais j'eus le malheur d'appuyer ma trompe un peu trop fort sur ce brave homme, qui, se réveillant en sursaut, se mit à crier : *à l'ordre ! à l'ordre ! à l'ordre !* ce qui devint le signal des éclats de rire les plus immodérés.

Mon dormeur fut alors tout confus, surtout quand, après avoir bâillé cinq ou six fois, il se fut aperçu qu'il n'avait rappelé à l'ordre qu'un ministre, personnage qui, à la tribune, est toujours infaillible, à peu près comme le pape peut l'être dans un concile.

Cet incident troubla la délibération, et l'on se sépara sans rien proposer, si ce n'est l'ordre du jour sur la pétition d'un frère, dont un prêtre avait coupé la sœur par morceaux, et la prise en considération de celle d'un oiseleur.

Je parcourus ensuite à la volée ce qu'on appelle les bureaux de la Chambre, et j'arrivai au vestiaire, où je pris plaisir à visiter les nombreux habits brodés des élus.

Le premier qui se rencontra sous mes pattes était celui d'un député qui avait parlé avec feu contre les loteries et les maisons de jeu : je trouvai des jetons dans ses poches, et une commission de buraliste accordée sur sa recommandation.

A côté paraissait étalé l'habit d'un orateur qui, pendant deux heures au moins, avait protesté de son amour pour la Charte : il n'y avait dans sa poche que quinze ou vingt projets de loi pour la détruire.

Je trouvai dans celui d'un autre député, qui plaidait à peu près comme l'Intimé, l'histoire de Brennus, l'apologie des gouvernemens faussaires, et quelques amendemens proposés, qu'on avait ensuite retirés pour avoir le droit de parler sans qu'on eût la faculté de pouvoir répondre.

Après avoir ainsi parcouru tous les habits qui se trouvaient au côté droit du vestiaire, je fis l'inventaire de ceux du centre, où je ne trouvai que des billets d'invitation à dîner, beaucoup de demandes d'emplois et quelques cartes de restaurateurs.

Il ne me restait qu'à visiter le fond des poches des habits qui étaient au côté gauche; j'y trouvai de nombreux projets d'amélioration presque effacés, un acte de mise en accusation déchiré, et une demande d'expulsion des jésuites, au bas de laquelle était écrit *ajourné*.

Enfin, avant de sortir, je m'inclinai devant deux habits séparés, qui ont long-tems décoré de grands citoyens, que la mort a trop tôt frappés, et pour qui la France constitutionnelle aura toujours des larmes.

C'étaient des reliques sacrées que personne n'avait encore osé toucher : les illustres orateurs qui les avaient portées étaient toujours présens au milieu de leurs nobles collègues, comme le premier grenadier de France avait été présent au régiment long-tems encore après sa mort.

N'ayant plus rien à faire alors en cet endroit, je repris ma volée, et j'allai respirer un instant l'air de la liberté sur le parapet du pont voisin, où je disais, en voyant défiler les voitures qui remenaient chez eux nos graves législateurs : « Il n'est pas possible que tant de personnes respectables veuillent toujours se disputer pour sacrifier un présent riche d'espérance à un déplorable passé, dont l'ombre fugitive n'existe déjà plus que dans le souvenir de quelques-unes d'entre elles : sans doute elles parviendront à nous donner des lois équitables et tutélaires, dont l'heureuse harmonie amènera l'oubli de toute espèce de dissentions politiques, et qui rallieront tous les cœurs autour du chef de la patrie, qu'il faudrait être bien aveugle ou bien méchant pour ne pas aimer. »

Le cœur rempli de cette douce idée, je m'élançai vers la ci-devant place de la Concorde, où je retrouvai le malheureux Piémontais que j'avais rencontré le matin, qui criait à tue-tête : *Santi, santi, santi belli belli*, en agitant ses petites figures à capuchon qui continuaient à faire leur signe négatif accoutumé.

---

# CHAPITRE IV.

Le cabinet noir. — Réception d'un néophyte. —Voyage.

Arrivée devant la porte de la maison paternelle, ou plutôt de l'hôtel maternel, j'eus la fantaisie d'y rentrer et d'y dîner avec le nouveau Ministre. Il me parut être un homme d'esprit; car il parlait peu : encore le faisait-il d'une manière entortillée. Ce brave homme-là m'ennuyait : j'allai prendre le café chez un directeur-général qui parlait beaucoup trop, et avec une telle simplicité, pour ne pas me servir d'une expression désobligeante, qu'il m'ennuya mille fois davantage : il fallut achever la soirée en voltigeant de théâtre en théâtre.

Je vis représenter, sur le premier qui se trouva sur mon passage, l'œuvre d'un gascon qui venait d'*arranger* la prose de Molière, et de traduire ses meilleures saillies par des gambades : on jouait, sur celui où je me rendis ensuite, *Quatre Heures* ou *le Supplice*; titre merveilleusement choisi pour les spectateurs. Je vis après cela représenter sur un autre une demi-douzaine de pièces, avec lesquelles un fripier d'écrits, aussi spirituel que ses fournisseurs étaient bénévoles, faisait de l'or avec du fumier.

Sur un autre, je vis une somnambule presqu'en chemise, qui faisait oublier l'auteur de Sylvain; et enfin, pour terminer la soirée, j'allai voir tomber, sur le théâtre national, le masque du bon homme Tartuffe, dans un chef-d'œuvre remis en vogue malgré la cabale de ses nombreux confrères.

Minuit sonnait alors depuis deux heures au moins à toutes les horloges de la capitale; et, fatiguée de mes excursions de la journée, désormais fixée sur le goût et sur la morale de mon pays, je me rappelai l'éloge de la Péninsule, que deux individus d'opinions si différentes avaient fait le matin même. Jalouse de porter sur cette matière un jugement certain, et ne connaissant pas de meilleur moyen pour me faire conduire en ce pays, je plongeai dans la grande boîte aux lettres, j'y choisis une missive qui portait sur l'adresse le nom d'une ville d'Espagne, et, après avoir enveloppé ma tête sous mes ailes, je m'assoupis avec confiance sur son cachet, en attendant l'heure du départ du courrier qui devait la porter.

Je ne sais si je dormis long-tems; mais le moment de mon réveil fut celui du plus grand danger. Je me trouvai transportée au milieu d'un cabinet noir, où des individus à figures sinistres étaient occupés à amollir des cachets, et c'est à la précipitation avec laquelle on approcha de la flamme d'une bougie celui qui me servait de lit, que je dus l'épouvante qui me rendit l'usage de mes ailes ; sans quoi, nouvel Empédocle, la boîte aux lettres de Paris eût été pour moi le gouffre embrasé de l'Etna.

Je crus d'abord être transportée dans une de ces sociétés fameuses de sorciers, dont l'existence a fourni le sujet de tant de beaux romans oubliés ; mais bientôt, à la conversation des acteurs, je m'aperçus qu'ils n'étaient rien moins que des sorciers, et que je devais bien plutôt être dans une caverne semblable à celle des voleurs de Gil-Blas, à en juger par l'avidité avec laquelle ces honnêtes amollisseurs de cachets se jetaient sur le contenu des paquets, tout en s'appuyant sur je ne sais quelle singulière morale qui justifie la fin par les intentions, et tout en disant que c'était pour le bien de la religion et du monarque qu'ils agissaient ainsi : comme si la religion ordonnait le vol et l'infidélité, et comme si la belle ame du souverain pouvait seulement lui permettre de croire possible qu'une telle dépravation de mœurs pût être tolérée par les dépositaires de sa confiance.

Au surplus, les paquets étaient recachetés avec une telle adresse qu'il n'y paraissait pas, et comme j'en vis un pour Barcelone qu'on glissa dans un pli destiné à un grand dignitaire de l'association du cabinet ( personnage qui était allé se mettre en observation dans une ville intermédiaire, entre la boîte aux lettres et l'Espagne ), je me fourrai furtivement sous l'angle de l'enveloppe et me décidai à suivre le destin de cette double lettre.

Bientôt le bruit des chevaux m'apprit que nous étions en route, et le soleil n'avait pas fini deux fois sa révolution journalière, que ma voiture de nouvelle invention fut retirée de la sacoche et déposée au lieu de sa destination, dans un appartement somptueux, où le grand dignitaire en question prit connaissance du contenu de la missive, tandis que, retranchée dans une des moulures du plafond, j'observais en silence, espérant partager le souper du grave personnage, qui, à en juger par le luxe de ses appartemens, devait valoir un peu mieux que celui du postillon auquel je m'étais invitée pendant la route.

Un demi-cercle de fauteuils, à l'orient desquels était placé ce vénérable d'espèce nouvelle, me fit présumer qu'on attendait nombreuse compagnie, et bientôt une foule d'individus vêtus de noir, portant des chapeaux à la Bazile, vinrent s'asseoir en silence, et me persuadèrent que je ne m'étais pas trompée.

Le président que l'on désignait à Lyon par un nom dont la consonnance rappelait la franchise, les salua d'un air aigre-doux ; puis leur dit en fronçant les sourcils, que, d'après les dernières dépêches qu'il venait de recevoir, les affaires du corps prenaient une mauvaise tournure ; qu'il était urgent de faire force prosélytes, et que la réception d'un candidat qu'on attendait ne pouvait plus être différée, afin de pouvoir dès le lendemain même le diriger vers la Jérusalem céleste de l'absolutisme, pour y chercher du renfort, et aviser d'*utiles auxiliaires* du danger commun.

Ce préambule terminé, un signe du provincial président, fait à deux grands coquins d'escogriffes, fit introduire le néophyte, dans le tribunal, le consistoire ou le collége, car je ne sais quel nom donner à cet endroit.

C'était un jeune homme d'assez haute stature, dont la physionomie présentait, à travers les traces d'une longue austérité, le caractère de la plus grande douceur.

Il était vêtu de haillons dégoûtans, et fut obligé, pour entrer, de baisser le front sous un joug de fer que tenaient sur sa tête les deux experts commis à sa garde.

L'interrogatoire commença, et les questions suivantes lui furent soumises.

Ton nom? — Celui qu'il faudra prendre. — Ton prénom? — *Ravaillac.* — Ta patrie? — Le monde. — Ton chef? — La poignée. — Ta puissance? — La lame, le breuvage et la plume.

Après ces questions d'usage, on lui fit faire un testament par lequel il renonça aux biens de ce monde, à ses parens, à sa patrie, et promit d'être entre les mains de son chef, *aut baculus, aut cadaver*.

A la suite de ces formalités, on le soumit aux épreuves de l'ordre qui consistaient en tous les genres d'humiliation auxquels le plus lâche fanatisme puisse se prêter. On délibéra ensuite, et tous les associés défilèrent devant lui, en lui crachant à la figure; tandis qu'à genoux sur des pointes de fer, il répondait *amen* à chaque gentillesse qu'on lui disait.

La cérémonie terminée, il fut lavé, parfumé, et revêtu d'une tunique blanche : on l'arma ensuite d'un sceptre surmonté d'un globe terrestre voilé, signe d'une puissance occulte et générale; puis chacun lui donna le baiser fraternel.

Il signa alors de son sang l'obligation d'être fidèle à l'ordre, et fut placé pendant un splendide banquet à la droite du président, qui proclama, au dessert, son initiation, lui parla long-tems à l'oreille, et lui confia des dépêches importantes, sur lesquelles je m'endormis, suivant mon habitude, en attendant le départ du jeune adepte pour le pays d'*Eldorado* de ces bonnes gens.

. . . . . . . . . . . . . . . . . . . .

## CHAPITRE V.

Suite de mon voyage. — Mes premières amours.

Cette fois, la route fut plus agréable ; une bonne berline, bien suspendue et douillettement rembourrée, transportait le grave initié qui n'avait plus rien du rôle de la veille ; et se tirait au mieux de celui du lendemain. Ce que c'est que la grâce d'État !.....

Un habit de cour brodé sur toutes les coutures, et recouvert d'une élégante polonaise de voyage, avait fait tout à coup un personnage d'importance du simulacre d'homme au visage duquel on crachait quelques heures auparavant : aussi se vengeait-il de son opprobre en soumettant à la même épreuve les piétons qui passaient trop près de son char ; avec cette différence toutefois, que ceux-ci lui répondaient tout autre chose qu'*ainsi soit-il*.

Nous dînions dans les meilleures hôtelleries de la route, et les domestiques affidés dont on avait eu soin de le faire accompagner, ne manquaient pas de faire mousser le titre de Monseigneur, que, il faut en convenir, il avait aussi bonne grâce à porter que tant d'autres de la même fabrique.

Nous arrivâmes enfin à Figueras, première ville de la Catalogne, sur la frontière de France. Sa nouvelle Excellence y fut complimentée par des moines de toutes les couleurs; mais comme le terme de mon voyage approchait, je laissai là le misérable *factotum*, que peut-être nous retrouverons un peu plus tard, et me lançai dans le vague des airs pour dissiper par le spectacle de la campagne les impressions désagréables qu'avaient laissées dans mon esprit toutes les sottises que j'avais vu faire et entendu dire depuis que j'étais sortie de ma coquille.

Plus je m'avançais dans ce beau pays, plus je m'apercevais de la supériorité de mon être sur l'espèce humaine.

Il semble que la nature, en cette terre de prédilection, ait pris à tâche de doubler les charmes de la liberté, pour faire rougir les esclaves et frémir les tyrans.

Son sein nourricier s'entr'ouvre au moindre effort de l'agriculteur; on le laisse dessécher en le couvrant de moines paresseux.

Son admirable fécondité attirait sur ses bords les commerçans d'au-delà des colonnes d'Alcide; l'intolérance les en a bannis.

Ce sol fortuné produisait l'arbre de la paix sans culture; on l'a sillonné dans tous les sens avec des boulets, le tout pour le bon plaisir des fermiers de Saint-Pierre, brave homme qui ne possédait pas un pouce de terrain; et pour l'ambition démesurée d'un capitaine devenu maître par ses exploits de la plus belle partie du globe; ce qui n'empêche pas ceux qu'il a vaincus dix fois, de le nommer, depuis sa mort, un aventurier sans courage.

Telles étaient mes réflexions, lorsque j'entrai dans une superbe vallée, entre Badalonne et Moncada. Le Bezos y promenait tranquillement ses eaux limpides entre l'oranger, l'aloès et le laurier-rose; tandis que le rossignol, perché sur le carroubier, répondait à l'alouette qui planait au sein des nuages, en chantant avec elle, et tour à tour, les stances de l'hymne de la liberté.

Ce lieu champêtre invitait à s'y reposer; j'y pénétrai dans un bosquet touffu, où le groupe le plus intéressant vint fixer mes regards.

Un jeune Catalan, dont les formes athlétiques, la douceur de la physionomie, ainsi que la noblesse de la pose, tenaient de la virilité du bel Enée du tableau de Guérin, et de la grâce qui distingue les personnages de l'Albane, y était assis sur un banc de verdure dans l'attitude du vainqueur de Didon.

Sa longue escopette placée à ses pieds en guise de lance, et sa chaussure de cordes tressées en forme de cothurne, donnaient à cette grande figure une teinte antique, qui aurait suffi pour en faire établir la comparaison avec celle de l'illustre Troyen, alors même qu'une jeune beauté qu'on voyait à son côté, dans l'attitude de la reine de Carthage, n'aurait pas ajouté aux nombreux rapports qu'avait ce tableau naturel avec celui du peintre habile que j'ai cité.

Le jeune barde des Pyrénées avait saisi sa mandoline, et, d'une voix forte et sonore, mais gracieusement accentuée, comme presque toutes celles qui se modulent sur des idiomes méridionaux, il chanta les malheurs de son pays; tandis que, placée sur le sein de sa bergère, dont l'agitation marquait la mesure, j'écoutais avec émotion les paroles suivantes, bien faites pour ajouter à l'illusion à laquelle je prenais plaisir à me livrer.

Un jour, Lina, notre fertile terre
De l'étranger vit l'inhumanité,
Sur nos guérets venir porter la guerre,
Pour prix, hélas! de l'hospitalité.
Notre pasteur, les yeux baignés de larmes,
Dans le vallon fit entendre sa voix,
Et l'Espagnol dit, saisissant ses armes :
L'amour, la gloire, et nos antiques lois.

Tout était pur, élan patriotique,
Juste défense, et soif de liberté;
Bientôt, grands dieux! un zèle fanatique
A nos efforts joignit la cruauté.

Mais le Français, noble dans sa défaite (1),
D'un sort fatal reconnaissant les droits,
Sut respecter, même dans sa retraite,
L'amour, la gloire et nos antiques lois.

L'arrêt du ciel, qu'on nomma la victoire,
De l'Espagnol ranima la fierté ;
A nos soldats ce court moment de gloire
Fit un instant rêver la liberté.
Il secoua les fers d'un dur servage ;
Mais aujourd'hui des sophistes adroits
Nomment chez nous le plus lâche esclavage,
L'amour, la gloire et nos antiques lois.

Ainsi qu'on voit la colombe timide,
Dans nos bosquets se soustraire aux vautours,
Pauvre Lina, cache ton front candide
Aux éperviers, aux tigres de nos jours.
Le vieux pasteur qui bénissait nos armes,
Des plus doux nœuds consacrera les droits ;
Nous chanterons sans trouble et sans alarmes,
L'amour, l'hymen et nos antiques lois.

Le trouverre, en finissant cette romance, regarda tendrement sa Catalane, comme pour lui demander si elle consentirait enfin à faire avec lui le pélerinage dont le désir était exprimé par sa dernière

---

(1) Il est évident que le troubadour catalan parlait de la guerre de 1808, et non de l'époque de la restauration de l'Espagne.

strophe. Ce moment fut celui qui décida du destin de ma vie ; car il est tems de vous le dire : je suis du sexe masculin, et ce n'est pas ma faute si votre bizarre langue ne vous a pas permis jusqu'à présent de vous en apercevoir, et si vous désignez indistinctement par le mot mal sonnant de mouche le mâle et la femelle de mon espèce, tandis qu'il vous a plu de nommer nos petits des moucherons.

Au reste, passez-moi cette petite digression, et ne soyez pas fâchés que je ne vous aie pas plus tôt révélé une chose qui ne commença d'avoir pour moi-même quelqu'importance que lorsque, du poste charmant que j'avais choisi, et à l'ombre de la collerette de la bergère, j'aperçus sur le musculeux mollet du Catalan la plus jolie petite mouche que les Amours aient jamais formée pour tourner la tête à tous les êtres volages de mon espèce et de mon sexe. On devine bien que les amours d'Enée et de l'infortunée Didon cessèrent de m'occuper : Troie, même en flammes, ne m'eût pas détournée de mon intéressant examen.

La jeune Mosquita était comme moi dans son printems. Pleine de grâces et d'attraits, elle agitait amoureusement sa trompe caressante au milieu des émeraudes et des rubis qui ne brillaient qu'à demi près de l'éclat de ses beaux yeux ; car la nature a prodigué ces rares trésors à nos individus, et, si vous en doutiez un instant, entrez chez le savant opticien qui prédit si bien, il y a quelques années, l'augmentation de l'intensité du froid, la veille de la débâcle de la rivière, et vous y verrez tous ces prodiges en regardant la tête d'une mouche à travers les verres de ses ingénieux microscopes.

Que de jolies dames, étincelantes de pierreries aux premières loges de l'Opéra, ne sortiraient pas ainsi victorieuses de pareille épreuve, fût-ce même au travers de la lentille bien plus tolérante d'une lunette de spectacle. Mais revenons à mon sujet dont je ne me suis déjà que trop écartée.

Le mouvement des deux amans nous avait forcés de changer de place; leur tendre sympathie me donna de l'audace, et n'écoutant que les impérieuses lois de la nature, je hasardai avec ma trompe une déclaration à la hussarde, que Mosquita reçut avec toute la fierté d'une espagnole (1).

« Arrête, me dit-elle, tandis que le fils d'Anchise et la reine de Carthage prenaient le chemin de la maison du curé, arrête, audacieuse mouche étrangère, qui prétends me soumettre à tes lois.

» L'amour cache des chaînes sous les fleurs, et l'hymen qui, chez les humains, prête même un

---

(1) D'une Espagnole, s'entend, qui se trouve en présence d'une duègne sévère; car autrement je n'ai pas remarqué qu'elles aient, dans le tête-à-tête, beaucoup plus de fierté que les jolies parisiennes.

voile à la beauté, ne prend pas la peine de voiler les siennes. Je me méfie de celles que la nature nous présente, et je méprise celles que des conventions imprudentes peuvent imposer.

» L'empire des airs est mon élément, voltiger est dans mon essence; plaire est mon désir, et jouir est mon unique loi : abandonne, abandonne, crois-moi, l'espérance de jamais asservir l'amante de la liberté.

» Cherche une nation généreuse et libre, où le bonheur d'un individu ne soit pas assis sur le malheur de son semblable; où l'homme n'ait pas de prisons, les oiseaux de volières, et les insectes de toiles d'araignées : là, le honteux esclavage de l'amour que tu me proposes n'aura pas de tristes points de comparaison; mais c'est sur cette terre seule que tu peux espérer d'unir à moi ta destinée, et de goûter un parfait bonheur auprès de ta maîtresse.

» Mais, hélas! que de voyages n'ai-je pas déjà faits, quoique bien jeune, pour la découvrir cette terre chérie : écoute, et juge si je peux être bientôt à toi. »

A ces mots, nous nous assîmes côte à côte dans le calice d'une rose, et Mosquita me fit ainsi la relation de son dernier voyage :

## CHAPITRE VI.

### Le pays des antithèses.

« J'ai parcouru tour à tour, et ces îles fortunées où les enfans de Vishnou inclinent leur front basané sur la terre embrasée qui recèle les cendres de Zoroastre, et ces nations hyperborées où les Russes et les Lapons chassent les rennes et pêchent le cachalot sous l'invocation bien plus noble et bien plus poétique du grand saint Nicolas. Partout j'ai vu les misérables humains s'entre-dévorer sur un peu de fumier, pour quelques anneaux de plus ou de moins à leurs chaînes. Mais je n'ai trouvé nulle part plus d'extravagances, plus d'injustices, d'inconséquence et de férocité que dans le pays des antithèses, dont heureusement je suis de retour aujourd'hui, et que pourtant on cite dans toute l'Europe comme la terre classique du bon goût et de la civilisation.

» Là, j'ai vu le cercueil de l'homme de bien précipité dans la boue, tandis que les persécuteurs de toute liberté légale étaient élevés au faîte des grandeurs.

» Là, j'ai vu prêcher le mensonge et la révolte dans la chaire de la vérité, et de perfides sophistes échapper à la vindicte des lois, sous le prétexte de leur zèle et de leur jeunesse; tandis que l'adolescence studieuse était sabrée jusque sur le marbre du tombeau de l'innocence qu'elle venait joncher de fleurs.

» J'ai vu le temple de la tolérance et de la charité se fermer aux dépouilles mortelles des émules des Euripide et des Sophocle, eux, dont on avait brigué la veille, aux mêmes lieux, et la présence et les aumônes, pendant que de mauvais parodistes pinçaient sur la harpe de David des airs de vaudeville.

» J'ai vu bien plus encore : j'ai vu le temple des lois, dont les voûtes retentissaient des vociférations d'un parti défendant d'injustes priviléges, et les amis d'une sage indépendance ne pouvoir laisser exhaler un timide soupir, ni prononcer sous ses lambris le nom sacré de la patrie, au moins sans provoquer des hurlemens féroces.

» Fuis, insecte imprudent, qui oses me proposer des fers : je veux bien devenir ta sujette; mais quand tu sauras mieux tout ce que vaut la liberté. »

A ces mots, l'objet de mes amours prit sa volée, et fit tant par son extrême agilité et la connaissance qu'elle avait des environs, que, malgré tous mes efforts pour la suivre, je ne pus y parvenir, ni la retrouver dans ces lieux enchanteurs, que je me décidai enfin à abandonner.

## CHAPITRE VII.

### L'Usurier.

Les nobles sentimens et la philosophie de Mosquita auraient été plus que suffisans pour me faire sentir toute l'étendue de la perte que je venais de faire, alors même que l'amour ne m'aurait pas présenté sa coupe enchanteresse.

J'errai plusieurs jours consécutifs sans prendre d'autre nourriture que celle absolument indispensable pour soutenir mon existence, espérant toujours de rencontrer l'objet qui m'avait subjuguée, et tâchant en vain de me distraire de mon fatal amour, par le commerce des nombreuses mouches dont l'Espagne abonde, et où il est de tradition que saint Narcisse avait un jour formé une armée pour chasser l'ennemi (1); mais je ne trouvai, hélas! chez elles que

(1) En 1808 un essaim de mouches étant venu fondre sur le camp français, au blocus de Gironne, les moines de cette ville essayèrent de persuader à ses crédules habitans que Saint Narcisse l'avait envoyé pour délivrer cette place. (*Historique.*)

les sentimens peu délicats que j'avais remarqués dans les mouches de la capitale de France, qui, certes, n'avaient pas, comme Mosquita, le don d'embraser du double amour des belles et de la liberté.

Mon petit cœur de mouche, rempli de l'image de celle qui m'était si chère, désespérant de la rencontrer dans le vaste espace que son amour de l'indépendance avait mis entre elle et moi, j'entrai machinalement dans la maison d'un vieil usurier, qui s'occupait à négocier à Barcelone des créances sur l'emprunt d'Espagne.

Outrée du sentiment de l'injustice qui, là comme ailleurs, semblait étendre un sceptre de fer sur tout ce qui respire, je conçus la fatale résolution de mettre fin à mes tristes jours.

Un vase de vermeil, qui contenait à peu près une demi-bouteille de vin de Malaga, et qu'on avait placé devant le vieux Melchisedech, me parut un vaste océan, d'où je ne pourrais jamais sortir, quels que pussent être les efforts de la nature à mes derniers momens.

Je m'y plongeai tête baissée, et ne tardai pas à me reprocher cet acte de désespoir amoureux et de misanthropie; mais les bords élevés et glissans du vase s'opposèrent à mon salut. Les vapeurs de la liqueur bachique, dont j'avais avalé, malgré moi, une assez forte dose, me montant subitement au cerveau, je tombai dans un état de stupeur ou d'étourdissement, que je ne trouvai pourtant pas sans agrément, et dont je ne revins que dans l'estomac du vieux podagre, qui venait de vider sa coupe d'un seul trait, et m'avait engloutie sans s'en apercevoir.

Si j'avais assisté à quelque séance de l'académie de médecine, lorsque cet événement m'arriva, j'aurais eu beau jeu pour m'instruire et pour écrire de belles choses, que la déesse Hygie n'aurait pas manqué d'enregistrer et de transmettre au public, qui ne les lit pas ; mais je me bornai pour le moment à faire l'inventaire des lieux, avec toute l'ignorance qui caractérise la rédaction du bail de location d'un notaire de la Basse-Bretagne ou du Berri.

Le premier objet qui frappa mes regards fut la conscience de l'usurier qui, ne voulant pas occuper le plus haut étage de l'individu, qui lui paraissait trop mal meublé, s'était établie à l'entresol ; c'est-à-dire sur son diaphragme, ou, si vous l'aimez mieux, entre le ventre et l'estomac.

C'est une chose assez singulière que la conscience d'un usurier : peu de personnes ont eu, comme moi, l'occasion d'en voir une, et, par sa rareté, ce bijou vaut bien la peine qu'on en fasse la description.

Figurez-vous un miroir à mille faces, absorbant indistinctement tous les rayons lumineux et n'en réfléchissant aucun, monté sur un cadre de l'or le plus pur, et sur des roulettes dont l'extrême mobilité permet à chaque instant de le changer de place, quand il incommode : vous aurez alors un aperçu de ce meuble, qui n'est chez les usuriers qu'un objet de luxe dont ils ne se servent jamais, quoiqu'ils en fassent continuellement l'éloge.

A côté, s'élevait un amas de tartres et de matières calcaires, formé par le vin qu'avait avalé le satrape; et plus loin, comme entièrement oublié, un réservoir contenant les larmes que le vampire avait extraites par la pression des morceaux de pain qu'il avait arrachés à la veuve et à l'orphelin.

Je finissais péniblement ce dégoûtant inventaire, lorsqu'une liqueur nauséabonde, précipitée par le soupirail infect de ce lieu désagréable, manqua de me submerger une seconde fois. Mais les efforts prodigieux produits par ce breuvage me délivrèrent de ma prison, et me rejetèrent avec le vomitif, car c'en était un que le médecin du vieux juif lui avait administré, et cela dans un moment où il avait la main tant soit peu lourde.

Aurait-il espéré qu'en l'approchant un peu de la mort, certain repentir religieux pourrait lui faire diminuer l'intérêt trop cupide de quelques sommes prêtées à usure? C'est ce que je ne vous dirai pas; mais ce qu'il y a de positif, c'est que l'Esculape avait un équipage à sa porte, et, qu'à juger par l'état où il avait réduit son malade, il ne paraissait pas l'avoir acquis par son talent.

*Auri nimium ne crede colori.*

Sortie de ce repaire, et lancée dans l'appartement du vieux Mondor, je laissai sécher mes ailes aux rayons du soleil, et pris ensuite mon essor pour aller me purifier dans une touffe de jasmins, en me promettant bien de supporter plus philosophiquement à l'avenir les maux de la vie, et de ne plus chercher de remède à l'amour dans un verre de Malaga.

---

## CHAPITRE VIII.

Je vais à Madrid.

Jouissant encore une fois du bonheur de l'existence, je dirigeai mon vol vers la capitale de l'Espagne, où j'espérais que l'esprit d'observation pouvait avoir conduit ma Dulcinée.

Arrivée presqu'aussitôt que j'étais partie, sans éprouver d'autres désagrémens que la fatigue et la chaleur, je commençai mes recherches en entrant dans une sorte de tribunal secret, où des moines de toutes les couleurs, pèle-mèle avec des généraux et des grands de toutes les classes, s'occupaient à ce ce qu'ils appelaient *purifier* des individus. J'y vis une longue liste de proscription, où, suivant le bon plaisir des prêtres, les généraux apostillaient à l'encre rouge les noms de ceux qu'on jugeait indignes d'être rendus purs, et j'appris au même instant que chacun des noms ainsi marqués menait son homme droit en prison, et de là le plus souvent à la potence.

Je fus tellement indignée de cette manière de rendre la justice, et surtout de la conduite d'un caffard, à physionomie hypocrite (qui avait fait à lui seul plus apostiller de noms que tous les autres ensemble), que j'allai sans hésiter darder mon aiguillon sur sa langue de vipère ; ce qui lui fit relever les coins de la bouche, en faisant une telle grimace, que les purificateurs la prirent pour un mouvement d'ironie, et jurèrent tacitement de se venger du mystificateur.

Comme les tyrans sont ordinairement ombrageux, et que les bêtes féroces ont l'instinct de s'entre-dévorer, ils se gardèrent bien d'y manquer. Le tartufe fut à l'instant même dénoncé, ajouté à la liste, apostillé comme impur, et *empoigné* sans miséricorde par des alguazils qui remplissaient à Madrid l'office de nos bons gendarmes, avec tout le zèle dont ces derniers remplissent à Paris l'office des alguazils de Madrid.

Satisfaite de mon espièglerie, car rien ne me paraît aussi juste que la peine du talion, je me carrai fièrement sur la forme du large chapeau de l'impur délateur, et je le suivis dans la prison avec toute l'arrogance de plus d'un général, qui, venant d'assister à la victoire, s'asseoit sans façon sur le pavois élevé par ceux qui l'ont remportée.

Nous ne tardâmes pas à arriver dans ce séjour d'infortune et de cruauté, où jamais la voix consolatrice du philantrope n'a pénétré, et où gissent ensemble sur la paille à demi pourrie les victimes d'un absolutisme aussi aveugle que brutal.

Là, l'homme de lettres estimable est impunément accolé au misérable forçat couvert de lèpre, parce qu'on est tout à fait arrivé au dernier degré d'avilissement et de barbarie où les hommes puissent descendre.

Là, le franc-maçon vertueux trace vainement, avec ses fers, sur sa poitrine, le signe sacré de la liberté, pour attendrir des bourreaux qu'il secourut avant leur état d'abjection; et c'est enfin en cet endroit affreux que j'ai vu, le dirai-je! un père infortuné pleurer sur le sort d'un fils innocent arraché de ses bras pour aller au supplice ; parceque, confiant en la parole royale, il s'était empressé de remettre le glaive dans le fourreau pour profiter d'une amnistie dont des ministres pervers avaient fait un guet-à-pens.

Empressons-nous de placer au milieu de ses victimes le monstre que j'avais fait punir, et jetons un voile sur d'aussi lâches turpitudes, pour aller visiter maintenant, s'il est possible, des endroits plus rians et plus gais.

Je pénétrai successivement dans les bibliothèques et les musées, que je trouvai déserts, et dont les Omars à capuchon avaient remplacé les chefs-d'œuvre par des chapelets et des ex-voto.

Enfin, par l'odeur attirée, je descendis aux cuisines du palais du souverain, où régnait, par opposition aux lieux d'où je sortais, un mouvement continuel. Une foule de pâtissiers et de marmitons, brevetés par la gourmandise et la fainéantise monacale, en occupaient toutes les avenues, et gaspillaient à qui mieux mieux.

Je m'empressai de sortir de cette espèce d'abattoir; mais non sans dégoût et sans avoir encore appliqué la loi du talion, en vengeant cette fois un époux débonnaire que trompait, pour un vilain frocard, une ronde et grosse andalouze : beauté culinaire dont je piquai vigoureusement. . . . . le bras, au risque de me faire écraser sous sa dextre large et calleuse.

Après cet exploit, et comme les extrêmes se touchent en ce monde, je montai de l'office jusqu'au cabinet du monarque, où le désir de voir un descendant de Quezalcoal (1), et peut-être tout simplement un roi, m'aurait fait surmonter tous les obstacles imaginables pour entrer. Je le fis cependant assez facilement, grâce à l'admission d'un bouffon qui venait amuser sa majesté en jouant devant elle du

(1) Dans une assemblée des caciques des Indes, Cortez reçut un jour du prince régnant au Mexique, Montézuma, la déclaration que les rois d'Espagne étaient les légitimes successeurs de Quezalcoal promis par les oracles ; ce à quoi ces bons souverains n'avaient certainement jamais pensé avant cette époque, et ce qui pourtant a été le principal titre de l'Espagne pour justifier la conquête du Mexique. (*Historique.*)

bilboquet, pendant la longue séance de son conseil de purificateurs. Mais que devins-je, grand Dieu! lorsque, perchée sur les épaules du favori, j'aperçus, contre un des carreaux de vitre du cabinet, la vive, la sémillante Mosquita, objet de ma tendresse et de mes regrets.

« O amour, ce sont là de tes coups! » m'écriai-je dans mon saisissement; puis, m'adressant à la jeune mouche : « J'ai voyagé maintenant comme toi, lui dis-je, dans le pays des antithèses, et le spectacle horrible du despotisme théocratique m'a fait partager ton indignation. Je ne dois plus te quitter; rien ne doit plus désormais nous séparer : vivons heureux, mais libres tous les deux. Voyageons côte à côte jusqu'au moment où nous aurons trouvé le pays fortuné dont tu m'as fait une si séduisante peinture, je jure de ne plus te parler de nous unir que dans ce fortuné séjour. »

A ces mots, l'amante de la liberté s'élança d'elle-même au devant de mon vol. Trône, grandeur, puissance, majesté, tout allait être oublié; nous allions être heureux : mais malheureusement le roi, qui ne faisait plus enlever de cerf-volant, comme il le faisait jadis dans ses beaux jardins de Cadix, s'amusait alors, à l'exemple de l'empereur Commode, à chasser les mouches dans son cabinet, et nous sépara brusquement d'un coup de son mouchoir qui me fit tomber sans connaissance sur le plancher.

## CHAPITRE IX.

Fin de mon voyage. — Rencontre d'un personnage de notre connaissance.

Lorsque je fus revenue de mon étourdissement, mon premier soin fut de regarder parmi les morts et les mourans qui jonchaient le champ de bataille, si je n'apercevrais pas mon amante; bien décidée cette fois à ne pas lui survivre, et à me précipiter tellement au devant du danger, que je ne pourrais éviter d'aller la rejoindre aux sombres bords : mais l'agile petite mouche qui, ainsi que je l'ai appris depuis lors, avait visité dans ses voyages le sérail du sultan Mahmouth (despote qui, à la vérité, jettait moins brusquement le mouchoir que le descendant de Quezalcoal), s'était tenue sur ses gardes, et avait, par un leste coup d'aile, évité le coup fatal, en sillonnant les airs pour ne pas revenir de sitôt dans un lieu où le berceau de ses amours avait manqué de devenir le tombeau de son amant.

Bien assurée par mon examen qu'elle avait échappé à tous les dangers, je pris adroitement mes dimensions, et, après m'être vengée en cherchant à aveugler d'un coup d'aiguillon le monarque (ce qui était plus difficile à faire qu'on ne le pense), j'enfilai le trou de la serrure, et pris le premier chemin qui s'offrit à ma vue, maudissant de tout mon cœur les purificateurs, les usuriers et les souverains qui s'amusent à chasser les mouches, tandis que les Baziles gouvernent à leur place.

Je n'avais pas fait plus de vingt lieues sur cette route qu'un nuage de poussière vint m'annoncer qu'un nombreux cortége me devançait. Je redoublai alors de vitesse; mais jugez de ma surprise, après l'avoir atteint, en apercevant sur un élégant char de voyage, un jeune prince de la plus agréable physionomie, que devançait un concert de louanges et de bénédictions.

« Le voilà ! s'écriaient et le peuple et l'armée (car, dans tous les bourgs et villages où il avait passé, chacun s'était empressé de le suivre). Le voilà ! celui que le ciel nous envoie; celui que notre auguste souverain vient de désigner pour son fondé de pouvoirs; c'est un ange tutélaire qui vient concilier tous les partis, unir tous les cœurs et maintenir le pacte fondamental de nos lois et le *palladium* de nos libertés !

Le voilà, s'écriaient aussi la noblesse et le clergé, en jetant des palmes d'aloès sur son passage, tandis que des moines de toutes les couleurs criaient à tue-tête, *hozanna*, *hozanna in terra.* »

Et les couronnes emblématiques de pleuvoir sur la route ; et les fleurs de joncher son passage.

Enfin, c'était une joie, un délire dont je n'avais encore vu aucun exemple nulle part.

« Sans doute, me disais-je intérieurement, Mosquita au regard pénétrant aura aperçu comme moi cette nombreuse escorte. Nul doute que le pays de cet aimable prince ne soit la terre promise que nous désirions avec tant d'ardeur. Plaçons-nous sans façon dans ce char ; toute espérance de la retrouver n'est pas encore perdue. »

Je me hâtai donc d'y prendre place près de l'héritier du pouvoir qui promettait la liberté : mais j'avoue qu'une circonstance inattendue vint jeter quelques doutes dans mon esprit sur la sincérité du porteur de la procuration, lorsque je le vis s'entretenir à voix basse avec un individu dont le grand chapeau roulé sur les deux bords me cachait la figure, et ces doutes prirent une bien plus grande consistance, lorsqu'une secousse de la voiture l'ayant contraint à tourner la tête de mon côté, je reconnus le jeune adepte de Lyon, dont l'habit de cour avait fait place au froc crasseux des disciples de S. François, et dont la sollicitude envers le prince avait tout l'air de celle d'un professeur qui tient à faire donner une couronne à son élève, à l'époque de la distribution des prix.

« Quoi qu'il en puisse être, dis-je, ne perdons pas

courage, ce peuple paraît trop jaloux des biens dont il a l'avant-goût, pour qu'il ne conserve pas au moins quelque petit coin de terre digne de Mosquita. Voyons, suivons toujours et prenons garde surtout aux coups de mouchoirs.»

Tout en discourant ainsi et de bien d'autres manières, qu'il n'est pas nécessaire d'expliquer en ce moment, nous arrivâmes devant la maison paternelle de l'aimable fondé de pouvoirs, qui, en fils respectueux et soumis, voulut commencer par présenter son hommage à sa bonne maman.

Ces nobles sentimens et cette marque d'un bon naturel dans la vie privée, ne me rassurèrent pas complètement sur ses intentions politiques, et certain soupçon d'hypocrisie venait de prendre place dans mon cœur, lorsqu'à mon grand étonnement, je retrouvai assis sur les marches du palais le Piémontais que j'avais vu à la Sainte-Chapelle et à la place de la Concorde à Paris, qui voyageait comme moi, mais pour colporter ses vilaines figures, et qui, s'étant levé pour voir passer le prince, leur imprima par cette secousse un tel mouvement basculaire, qu'elles se mirent à faire cette fois un signe affirmatif du plus mauvais augure.

Attachant néanmoins assez peu d'importance à cette singulière rencontre, je me disposais à suivre le cortége; mais hélas! à peine eus-je franchi le seuil de la porte du palais où je venais chercher l'indépendance, qu'un invisible réseau vint enchaîner mes membres délicats, et ne me permit que de lever les yeux vers la voûte céleste.

Soudain un monstre entouré d'yeux, nouvel Argus dont les innombrables bras menaçaient de me saisir, vint m'offrir l'affreuse image de la perfidie unie au despotisme, tandis que sa trompe venimeuse était suspendue sur ma tête comme l'épée de Damoclès.

Vous avez sans doute deviné que toute cette emphatique description n'aboutit qu'à vous apprendre que j'étais simplement arrêtée par une toile d'araignée; toile que la négligence de domestiques nourris dans la mollesse avait laissé tendre au-dessus de la porte : je n'ai donc pas besoin d'appeler davantage votre sollicitude sur ma position, qui n'était pas brillante.

Mais ici, lecteur, doit s'arrêter la première partie de la relation de mes aventures : s'il est vrai que vous y preniez quelqu'intérêt, et surtout que vous le prouviez à mon libraire, je prends de bon cœur l'engagement de vous offrir ces jours-ci la seconde.

Dans le cas contraire, et si j'ai provoqué chez vous le sommeil, je vous souhaite une meilleure nuit que celle que je passai pour m'être avisée d'aller chercher la liberté sous des lambris dorés.

FIN.

# TABLE DES MATIÈRES.



FIN DE LA TABLE DES MATIÈRES.

## *ERRATA.*

*Page* 4, *note*. Condfience, *lisez* confidence.

— 16, *ligne* 18. S'étant levé sur son séant, *supprimez* sur son séant.

www.ingramcontent.com/pod-product-compliance
Ingram Content Group UK Ltd.
Pitfield, Milton Keynes, MK11 3LW, UK
UKHW021501260726
13993UKWH00004B/1513